AF192659

Habitando el suspiro

Sonia Martín Giménez

Habitando el suspiro

Isla del náufrago

Euritmia poesía
Segovia, 2024

Habitando el suspiro

©Sonia Martín Giménez
© Jorge Pérez Asensio: Fotografías
© A.C. Isla del náufrago de la presente edición
ISBN: 978-84-125130-1-1
Depósito legal: SG 167-2024
Diseño Colección: Mariano Carabias María
Edita: AC Isla del Náufrago
C/ Madrona, 13 40002 Segovia (España)
www.isladelnaufrago.com
Email: isladelnaufrago@gmail.com
Imprime: Safekat
Impreso en España / Printed in Spain

Soy la que soy
casualidad inconcebible
como todas las casualidades.

Wislawa Szymborska

Únicamente
soy una mujer
cálida
intensa
que en su más apartada
intimidad
cree tener voz
y canta.

Ana Ilce Gómez

Yo describo y escribo.
Nada más necesito para ser en este
instante
feliz.

Gioconda Belli

*A los que alguna vez
han soplado mis alas.*

*A quien siempre,
siempre,
siempre.*

Un suspiro es un brevísimo espacio de tiempo. Un suspiro es una aspiración fuerte, acompañada a veces de un gemido y que puede denotar diversos sentimientos: pena, miedo, angustia… pero también alegría, deseo, esperanza…

Un suspiro es también un dulce, una golosina e incluso se nombra así a alguna especie de enredadera.

Además, el suspiro que yo imagino tiene forma y volumen. A veces es una esfera y pasear su superficie emociona o da vértigo, seguir su estela, es ir más allá del instante que lo origina. Habitar su centro, su ombligo, es viajar al universo único de su esencia o al sentimiento más profundo e íntimo que lo engendra, al «*yo*» que intenta mostrarse y escabullirse a la vez en un juego de espejos y claroscuros que son en definitiva esa necesidad de contarse y ese pudor de ser visto. A veces, mi suspiro es un poliedro, casi nunca regular, y como tal, tiene vértices y aristas que complican o turban el viaje; pero también le añaden riesgo, misterio, incertidumbre, aventura e incluso ironía de vez en cuando.

Mi suspiro tiene ventanas al mundo más allá de su propia inopia premeditada o no y desde él también se observan otras realidades, otras circunstancias que sin duda y sin buscarlo lo condicionan, lo complementan y a veces, lo perforan y se integran en él.

Y ante todo, como cada uno de nosotros, yo tengo un refugio dentro o fuera o al margen o tangente o secante a mi suspiro o quizá atravesándolo a cuajo: la letra, la palabra… a veces viviéndola como deseo, otras como lluvia mansa o antídoto que todo lo cura, sanea, alimenta y reverdece.

Invito con este poemario (más allá del pudor, la duda, la incertidumbre o el miedo que causa mostrarse) a asomarse a mi suspiro, pasear su superficie e incluso, como yo misma, a habitarlo; a serlo.

Decido

Decido, pese a todo, y flotando de puntillas
en el leve y mínimo espacio del suspiro,
entonar de nuevo, y sueño una estrofa
oída en tiempo ancestral, en ese intervalo
en el que quisiera poder susurrar entre líneas
todas las melodías que alojan las caracolas.

Se puede

Quizá no es tarea fácil...
pero se puede.

Se puede habitar la superficie del suspiro.

Sostener en el cuenco de tus manos
los temblores del mundo
y conspirar, anhelante,
para que tu dedo corazón
aguante, al menos,
el peso de la libélula.

Ombligo, vértices y aristas

Mi nombre

Yo te hablaré de mí.
De mis interrogaciones,
de puntos, de comas,
de tildes, de acentos,
de mis puntos suspensivos…

Te hablaré… de vanidades:
Del azafrán de mis rizos
y de mis ojos verdes.
De cuando quise ser princesa
y lideré revoluciones.
De cuando fui Pippi Calzaslargas
y volé sobre la alfombra de Aladino.

Te hablaré de tempestades,
de caballos desbocados,
de saltos al vacío
colgada de la guitarra de McCartney.

Te contaré el calibre de mis alas
y la verdad de cuando fui unicornio.
Te elevaré a las alturas
que divisé desde el Everest
de los besos que me debes.

Taparé tus ojos
para asomarte al abismo de mis locuras,
sin camino de retorno.
Obviaré los cataclismos
y los malos augurios.
Me esconderé en la esquina de tus silencios.
Susurraré a tu oído
todas mis historias, mis cuentos y mis poemas.
Y buscaré por fin tu pregunta definitiva,
para sisear en tus sueños
de una vez por todas:
Mi nombre.

Origen

La carne se añade
al formato intrínseco del agua
que da forma y urdimbre
a la sagacidad invadida de premura
y vivifica la sustancia
ávida de mudar, de mutar
en un vacío sustentado de artificios.

El orfebre, hacedor de realidades,
cincelará el iris
con la brisa necesaria
que te adorne la postura
para cortar el hilo
que une la duda a la tempestad,
la posibilidad al retorno.

El jardín de la inopia

Escamoteo revoluciones a mi alma, la engaño...
Le cuento verdades a medias.
Historias de un presente relativo.

Mi alma juega distraída
en el jardín de la inopia.
Sonríe, se divierte...
Disgrega tiempos y espacios.
Disfruta, niñea, se esparce...
Asumo su inocencia y la acuno.

Me gusta la sordo-ceguera
en que estamos sucumbiendo.

Brevedades

I

Con el roce tangencial de tu mirada
el eje de mi universo, se tambalea.

II

Toca suave a la puerta de mis silencios.
Así, y con la luz adecuada, despertaré los secretos
que acuno en el alma.

III

Saboreo tus pasos por la escalera…
Toco el infinito con un dedo.
El estruendo quiebra todos los instantes.

IV

Sueño al oído…
para no espabilar a la bestia de mi insomnio.

V

Esculpo hoy mi mirada con cincel de brisa fresca,
para poder enfrentar la imagen de tu delirio.

VI

En el barro del camino no surcado
levanto mis muros de derrota.

VII

Arropo mis temores con la bata que dejaste tras
                                        la puerta,
calor con olor a madre, a pan, a abrazos, a lilas
                                        frescas.

VIII

Alegría que salpica y resbala la risa por la cara,
los besos de los niños me saben a chocolate, a
                                amor, a mantequilla...
A veces a interés, pero nunca me saben a nada.

IX

Guardo la vulnerabilidad en un hueco oscuro del
                                        estante
para que ni helada o desamparo me quiebren
en estos días en los que el alma tiembla
la tonta danza basculante del frío y siniestro
                                        desarraigo.

X

En esta tierra, el aire de marzo
vierte olor a almendro
y acordes de trompetas y tambores.

XI

Despertar.
Saberte.
Eres.
Estás:
Todo.

XII

Conservo en la retina
millones de *«ahoras»*
macerados en verde, en tiempo
y en pétalos de tulipán.

XIII

Soñarás mis ojos cada instante.
Hechicé irremediable
a tus pupilas a bailar
al son que las mías tocan
y en vertiginoso balanceo,
ávidas, salvajes, curiosas,
buscarán con ansia
el ritmo de todas mis miradas.

XIV

—No.
No podrás reconstruirte
en ese intervalo que anhelas.

Hoy no lo sabes,
pero pasarán lustros y lágrimas
hasta que la sombra que te aloja
tome carne y consistencia.

Le dijo el oráculo.

XV

Así tuvo que ser,
que llegaras a esta tierra
que aroman los almendros
cuando cesan las heladas.

Tuvo que ser así,
que la aurora de noviembre
uniera a trigo y caracola
y desenredara el alba.

Nubes de albaricoque

Esparcí nubes de albaricoque
en la estepa pétrea de sus manos.
No puedo fingir confianza
ni complicidad
ante un deshielo sostenido.

Pero les muestro respeto.
Reparto simpatía,
humor como antídoto,
entre gajos de indiferencia.

Lleno mi alforja de empatía
para aguantar sus prejuicios.
Procuro sacudirme lo soez.

Camino airosa por sus insolencias.
Fabrico sonrisas,
cariño incluso,
envuelto en papel transparente
y se lo ofrezco con agrado.
Construyeron su muro de realidades relativas
sobre un egocentrismo desmesurado,
casi ofensivo.

Su muro sin puertas ni ventanas,
donde no cabe la duda…
Lo tienen todo muy claro.
Taponaron rendijas con intransigencia,
evitando claroscuros.
Sentimientos sin abismos.

El riesgo no existe.

Valorar horizontes es innecesario…

Y así, debo acoplarme.
Adaptar los envites de mis sueños
a sus perpendicularidades.
Sujetar mis ideas.

Opinar, no es posible...
Pero sigo teniendo el bolsillo
lleno de nubes de albaricoque,
de maravillosas nubes de albaricoque;
donde recreo claroscuros,
luces, sombras, abismos infinitos
y oteo horizontes.

Barajo, barajo realidades y las acojo.

Repartiré mis nubes de albaricoque…
Siempre quedan locos insensatos,
anhelando primaveras.

Barajo mis yos

Barajo, pudorosa y sutil, los aspectos de este yo
que me acompaña
sin más objeto que ocupar este tiempo dilatado
sin sal ni auroras.

Barajo mis yos y no me asusto,
pero me pierdo,
me confundo,
me escondo,
          remoloneo...

Disfrazo naufragios con rímel barato.

Me creo otros yos inalcanzables o absurdos,
adorno los yos de idílicas formas
e imagino mis yos en tus ojos.

Barajo mis yos,
los que me hacen ser yo y no otra.

Mi yo reversible y mutable.
Y el áspero y austero.
El yo de hombros anchos, pañuelo y oídos.
El yo payaso,
el yo siniestro,
el yo rebelde…
El que se vierte a gritos hacia adentro
y se escurre a hilos por sus sombras.
El que teme y llora.
Se encoge de dolor y derrotas,
pero sonríe al hijo y lo mece.
El que mantiene la mirada,
con inestables pies en el suelo,
al borde de tantos abismos.
El de la arquitectura endeble
y vuelo rasante.
El que, a veces, conquista universos,
se nutre de palabras,
y tiembla feliz si un instante ínfimo se siente

        poeta.

El tú y yo y esa cuerda floja...

El yo y vosotros, y ese mundo de limpios cristales
que os construyo a rutinas.

El yo eremita, con su flamante columna

                                a cuestas,
llenos los párpados de esas letras con las que
                                invento paraguas.

El yo caos,
el del suspiro y la tormenta.
El remo y ancla.
Sable, armadura,
muerte, latido,
labio, garra,
trampa, magia…

Barajo mis yos …

¿Y hoy?
El yo que tú elijas.
Escoge una carta.

Primer beso

Entretejidos de noche,
con fondo de verbena de fin de curso,
buscábamos la medida exacta
de la distancia a recorrer
entre los prejuicios y un beso.

Sopesando enredaderas de «*no debes*»,
cultivadas a conciencia,
y marañas de dudas que enlazaban
amapolas con crepúsculos y curiosidades;
comprobamos que entre
ese infinito confuso que ocupaba nuestras mentes
y el milímetro que separaba nuestros labios,
la espera, era más larga
que una distancia entre galaxias.

Decidimos, sin embargo, pese a todo
y quizá al unísono
fundir nuestros labios.

Hoy, tras siglos y amaneceres,
el recuerdo me asalta y se mece
entre quehaceres y tareas.

Y me respinga la risa
porque hace que la distancia
entre el hoy y ese entonces
parezca más corta que aquel milímetro
de espera.

Ahí

En ese «*pero*» y «*no obstante*»
que emerge al respirar tras tu nuca.

En el «*quizá*», «*tal vez*» o «*puede*»
que emana de la caricia de un suspiro
mientras su aliento resbala
por el hueco de una espalda que se eriza.

En esas mil conjunciones
que brotan al aire al cruzarnos las miradas.
En adverbios al viento
y en los puntos suspensivos que te arrojo
cuando intento salpimentar incertidumbres…

Ahí.

    Ahí,
y en el surco que dibuja tu sonrisa,
ahí, he alojado mis nostalgias.

El viaje

En un intento forzoso
por mantener la vida en orden,
decidió viajar.

Huir del horizonte que alcanzaban sus ojos.
Tomar distancia.
Salir corriendo, arrebatando infinitos.
Mirar de lejos las desleídas figuras
de sus anhelos infantiles.

Necesitaba amplitudes.
Sendas que prometieran una nueva primavera.
Vientos de colores
que dieran un aire nuevo a sus cabellos.

Quería entender los matices en que sueñan las

aves

y cómo una risa cicatriza quebrantos.

Así que, colgó los zapatos en las insulsas promesas
que aún crecían en su armario.

Tiró a la maleta: recuerdos, trastos,
hipocresía, traiciones y duelos.
Selló con plomo el saco de pasado
que cargaba a cuestas.
Lo metió todo en la despensa
y cerró con llave.

Y aunque sabía
que por la cuerda floja del *«quizá me equivoco»*
se circula despacio,
que las lágrimas inundan amaneceres
cuando las sombras
se cuelan en los bolsillos,
y que hay atajos
que llevan al infierno…,
extendió de lleno las temblorosas alas
que crecían a su espalda
                                    y marchó…,
mirando hacia atrás con amargura.

Y se acabó

A veces soy tiro en la cabeza
o infarto fulminante
en un asfalto estéril lleno de vacíos.

Gorrión indefenso temiendo desamparos.

Incrédula, camino la senda ocre
de mil desencuentros.
Añoro unas manos donde asir desencantos.

No hay veredas de consuelo
que aligeren las cargas.
No hay sonrisas alentando horizontes…

Entonces soy tristeza ancestral
cargada de siglos
que tiñe de luto cualquier primavera,
que escurre despertares a laderas
de un siniestro deshielo de amargura.

Y soy tiro en la cabeza,
piedra cargada de rabia que rompe cristales
                              de silencio despiadado.

Soy infarto fulminante…

Y se acabó.

Dones

A todos mis queridos compañeros de
Espacio Abierto a la Poesía

Hay sonrisas que se abren
como paraguas de colores al viento
sosegando todas las lluvias.

Hay miradas que mecen
como góndolas o acordeones,
acunan en su certeza lo real de tu existencia
y la recrean.

Hay palabras que alientan
como maná exquisito,
colman y nutren a melodías
los huecos de esa mente,
que, sin tregua,
llenaste de áspera niebla tantas lunas.

Guarda.

Acoge en pétalos de alma cada una
porque son la sangre y la esperanza
para el pequeño germen de grandeza
que ha de crecerte en el centro de la entraña.

Y darse.

Telarañas

Campa la tristeza en las mañanas
cuando a solas barajas tus crepúsculos.

Esos días sin sal
que no prometen nada,
el tiempo se para,
pero el reloj circula indecente.

El horizonte tiembla,
se vierte sinuoso
en niebla de nostalgias.

Alondras mutiladas,
envueltas en pétalos de alma,
naufragan en el lodo de ese café
cuyos posos predicen:
futuros desterrados,
aquelarres de olvido,
aristas oblicuas
donde las piezas no encajan.

Después limpiarás bien los cristales.
Aspirarás las pelusas.
Soplarás al viento
la madeja de deberes amontonados.

Y aun derramada en esmeraldas
has de saber:

Que la esperanza respinga
porque al tejado
del cuarto trastero de las derrotas,
las goteras
le han abierto una rendija.

Y la brizna de sol
que hoy se ha colado
platea las telarañas.

Romero

Nunca dejo que me lean
las líneas de las manos.

Me aterra vislumbrar
en otros ojos, tan ajenos,
destierros y derrumbes,
precipicios y ocasos.

Me aterra que supongan
más que yo de mi deriva.
Que barajen los futuros
que me brotan en el centro de la alcoba.
Que me cuenten lo que a todos
y condicionen en mi rumbo.

Me aterra, más que nada,
que estos pequeños surcos
que yo cubro de amapolas
me delaten.

Me aterra, sobre todo,
que me encuentren.

Por eso, precavida,
me aferro a la ramita de romero
que me brindan
y rebusco, agradecida, una moneda.

Tesoro

Desgranar el instante.
Deshojar el segundo, acariciarlo.
Celebrar jubilosos sus décimas y milésimas.
Inhalar tiempo lentamente,
conspirando contra el transcurso irremediable.
Acunar con parsimonia cada intervalo.
Barajar, sensual, entre los dedos sus posibles
                                                    infinitos.
Guardar cada pepita en dulce granada de
                          recuerdos cálidos y amables.
Convertir su interior en refugio seguro donde
                          arropar nostalgias o desplomes.
Después, ceremoniosos, entregárselo en bandeja
                          de vida a los que precedemos.

Si hay un futuro

Errando silente
en el despojo trasnochado de la sangre herida
y exiliada la certeza del afecto,
penetro así en cada mañana,
celebrando su novedad y posible auxilio.

Esperando que nuevas
y sorprendentes circunstancias
orienten los senderos a elegir.

Y dejar, serena, al margen del camino
migajas de herrumbre y tempestad
para saber cuál ha de ser la senda por la que no
                                                    retornar,
si hay un futuro.

Si pudiera mudar

Si pudiera mudar, como serpiente,
no cambiaría la piel que me arropa.
Escojo segura, mi piel blanca, suave: piel dura;
capaz de estirar para acoger al hijo
y encoger para darle riendas.

Si pudiera mudar, como ave,
no cambiaría el plumaje que me adorna;
ni en estos años en que empiezo a ser de piedra.
Escojo segura mi pelo fuerte, de rizos rebeldes
                                    arrebolados,
pestañas indómitas que protegen mis ojos verdes
y esta serena mirada con la que voy asumiendo los
                                    días y sus caprichos.

No mudaría el dolor ni las derrotas.

No mudaría ni los nudos que enquistaron el alma
con hebras de sangre traidora
que se agrietan y sangran cuando se acerca
diciembre.

No mudaría la felicidad de otros a los que amo,
aunque la mía se escurra
por esa deriva anómala que no he elegido,
alimentada de infamias y lejanías.
Ni siquiera mudaría la cuerda floja en que
                                        discurro.

Pero si pudiera… Como único deseo…

…Si pudiera mudar algo de lo que me construye,
cambiaría la arquitectura irregular que me
                                        sostiene:
El eco remoto de estos huesos frágiles, cargados
                                        de escarcha,
que engorda cada noche lo más siniestro de todos
                                        mis temores.

Donde crecen las ortigas

Escala la cucaña
y verás los árboles de antaño.
Explora las madejas del olvido,
los acordes desafinados de la memoria.

Se deshilan abrazos omitidos.
Palabras naufragadas sin pronunciarse
desbordando océanos de distancia.
De puntillas, en la incertidumbre del caos,
la sangre nueva barre la hoja seca
en la superficie del bosque.

En lo profundo, la vieja sangre,
envenenada de silencios,
de vendas en los ojos
y en la consciencia
bulle siempre y empapa
su tétrica penumbra
de desidia y abandono;
allá, donde crecen las ortigas.

El mes más triste de cualquier año

Febrero ya será siempre
el mes más triste de cualquier año.

Arrojará, sin piedad,
su aliento de fríos,
sus suelos helados,
sus tardes austeras, mustias.
Rosas blancas y rosadas clavelinas
enterradas en dolor y nieve.

Deambulan, errantes, los dedos,
mariposas en desierto,
sin marcar los dígitos
de un teléfono apagado, mudo.

Los ojos secos otean con ansia enfermiza
el banco del parque,
la cola del mercado
y no hay silueta que alivie
su búsqueda frenética.

La palabra *«regreso»*
ha dejado de ser cálida,
cambió su tono anaranjado
y su olor a rosquillas.
Los sábados ya nunca son fiesta.
El balcón perdió los geranios
y se apagaron los jilgueros.

Un febrero quedé sin cobijo ni consuelo.
Arropada en escarcha.
Me quedé sin patria.
Me quedé sin madre.

Por eso febrero
ya será siempre:
El mes más triste de cualquier año.

Ejemplo

A José y Sofía

Abrazáis el presente
con las almas abiertas,
ignorando las nostalgias
que acechan por la memoria.

Saboreando la vida, sus regalos
y un *cafelito* a media tarde,
allá, hasta donde lleguen las piernas.
O los barquitos, los viernes,
donde siempre gana la ilusión a la suerte.

Respiráis cada instante
y si os acosa el miedo,
lo miráis a los ojos,
lo retáis con sonrisas, casi risas,
que os comen la cara,
os iluminan
y os hacen niños de nuevo.

Acogéis el momento,
sabréis de tristezas...,
pero jamás utilizáis la queja o la derrota
como arma arrojadiza.

Celebráis toda ocasión de compañía
como tesoro único, maravilloso,
sagrado e irrepetible.

Tenéis las manos vacías
porque lo dais siempre todo.

Tenéis el corazón lleno
porque os brota trigo fresco,
gorjeo de gorriones,
nieve virgen,
y espuma de océano.

Cuando te vayas

Cuando te vayas
mantendré la mesa puesta,
la luz encendida.

Arroparé el atardecer con plumas,
con ovillos de recuerdos atesorados en panales de
vida
que esparciré sin orden ni destreza
sobre tu escritorio o tu cama;
mientras me observan, curiosas,
lagartijas de colores que conquistaron paredes.

Mulliré los sofás y la esperanza.
Mantendré siempre en órbita
las naves que surcan las galaxias de tu techo.
y esas estrellas que iluminaron tus noches.
Lustraré tus libros, tus cristales, tus *Lego*.

Abriré ventanas al alba, puertas a la luna,
al aguacero, a las nieblas.

Me sentaré entre letras y paraguas
en el rellano del consuelo.
Esperaré.
Esperaré cada día,
aunque no sea primavera,
como aquel poeta romántico,
la vuelta de esas golondrinas
que anidan el alero de tu ventana.

Estamos

Lo sé.
Ya conquistaste la frontera
de tu infancia.
Diste el salto.
Saliste del maravilloso cuadro
que habíamos pintado para ti.

Quiero pensar que lo disfrutaste
tanto como nosotros.

Ahora, que trotas barajando universos
yo quiero vivirte.
Saber de tu vuelo
por esos caminos que serpean
bajo las sombras de tus crines.

Ya solté todas tus riendas.
Ya amarré todas mis incertidumbres.

Déjame lustrarte las alas
y soplar.

Y nunca lo olvides:
Allá, en el extremo
que alcanza tu rabillo del ojo,
si quieres mirar:
Estamos.

Aristas

Respirar con cautela.
Silabear con cuidado.
Digerir soledades, amarguras, distancias…
cataclismos.
Derramar atardeceres de esperanza
en tinieblas de fracasos.
Apretar los músculos, los dientes, la vanidad, el
consuelo…
Mantener la mirada, la calma, el equilibrio…
Extender las manos, tantear anclajes…
devastados.
Realidad ilusoria que apuntala crepúsculos de
subsistencia.
Sostener el aliento y el olvido.
Conseguir un suspiro que lime un instante tantas
aristas
de dolor y derrota.

No te olvides

Pregúntame si me duele.
Pregúntame si me ha dolido.
Pregúntame si cuando coló el día
por mi ventana sus tentáculos de aurora,
me había envuelto el sueño
en su dulce narcótico.

Pregúntame si florece la alegría
en el alféizar
a pesar del desamparo.
Si brotaron tulipanes,
que plantamos en noviembre,
sorteando las heladas.

Pregúntame si me asusta el horizonte
cuando se cubre de malvas
o me tiembla en las pupilas.

En la tarde,
pregúntame si conseguí entretejer
algún verso con el ritmo de la lluvia
o si volvió la alondra
que ronda por los tejados,
acariciando nostalgias.

Pregúntame si remendé calcetines
con las hebras del crepúsculo
o me reconcilié con la esperanza.

Pregúntame cuando la silueta del humo
trace su estela de silencio.

Pregúntame en ese instante
que me nombre tu recuerdo.

Pero… Pregúntame.
Pregúntame.
No te olvides.

Cabriolas
(Reubicándo-me)

Improvisaré cabriolas,
mariposas de hiedra,
que mudarán, tal vez,
el irremediable trayecto.
Atravesaré, incrédula de estragos,
la opaca membrana
que anuncia desdichas.
Quitaré la brida a la lengua,
envenena demasiado…

Después,
desde el otro lado,
con la envergadura de los sucesos posibles
tantearé vértigos o desplomes.
Ansío romeros y esmeraldas.
Repasaré las fórmulas de palabras que sé que me

gustan

y buscaré interminables espejos convexos
para poder de una vez por todas
nadar a mis anchas.

Abismo habitable

Con un lápiz en la mochila
y dos palabras a medio hilar
inicio el descenso al olvido.
Es el único abismo habitable.
El único abismo.
Bucear para siempre en el no recuerdo
me aligera cargas y rencores.
No hay mejor refugio para la supervivencia
y el perdón.
Estrenar única cada mañana,
sacudirla limpia e inmaculada
y tenderla al sol.
Ser nadie y ser nada,
en el arrebato del suspiro,
entre el hueco del día y el parpadeo.
Y que patinen con tacón de plomo
en un absurdo lago de sal
todas las decepciones, los duelos y las derrotas…
Yo con mi lápiz en la mochila
y mis dos palabras a medio hilar.

Suelo oblicuo

A veces el suelo es oblicuo.
Se tambalea.
Los techos se hunden.
Hay juegos de espejos
que confunden siluetas.

Realidades con olor a humo,
a agua estancada
construyen laberintos
en incertidumbres de almíbar.

(Quizá el insomnio, el dolor
o la tristeza estén ganando a la cordura).

Pero no voy a volver.
No sé cuál es el camino.
Tampoco me importa.

Entonces me agarro
a las fotos que colgué en las paredes
para saber que hubo un tiempo de cerezas
y dulce de algodón.

Me agarro a las voces de otros,
que cantan mis versos
o cuentan mis historias
para saber que he vivido.

Para saber qué he vivido.

Hilvano lianas con tela de araña
que surquen al vuelo
sentencias de abismos.

Mientras de noche,
siempre silba, sin descanso,
el susurro del disparo
diluido en zumo de ave
y cascabel.

Equilibrios

Ahí andas,
pequeña bailarina de cuerda floja,
sorteando con insegura destreza
bajo tus pies descalzos
el avatar de estos días grises
y sus malditos caprichos.
Girando como tiovivo desbocado
la tuerca de un destino adverso y puntiagudo.
Viendo estrellarse magnitudes astronómicas
contra verdades a medias y mentiras piadosas
en este presente incierto, con ansias de paréntesis
y saltos en el tiempo.

Buscando, sin tregua, el punto medio
entre azares e infinitos.

Declaración de intenciones

La noche que acaricié las luciérnagas
soplé un susurro turquesa a mi oído.
Renové cada promesa que me hice
cuando las trenzas golpeaban mi espalda.
Vi dos corzos bailando a mi cintura,
mariposas azules a mis dedos
y las blancas que auguran novedades.
Conservé en las pupilas tanta magia,
anegó los boquetes de la ausencia,
limó frías esquirlas del exilio.

Ahora puedo entornar los ojos entre
las ramas de tilo que anuncian lunas
blancas, sellan cunetas amarillas.
No levantaré el puño ni la voz.
No blandiré sentencias que hagan daño.
(Guardé los escorpiones en almíbar)
Pero cubrir mentira agrieta el alma,
como avalar silencios despiadados.
Habitaré serena en mi suspiro.
Alentaré quebrantos con palabras.

Te voy a contar una historia

A la hija pequeña del Cerrajero,
la quebrada,
la sin voz ni nombre,
la del traje de distancia,
la de la angustia
alojada en todas sus certezas.
A esa.
A esa misma.
Comenzaron a brotarle
amapolas en las palmas de las manos.
Con ellas, cubrió sus ojos.
Deslizó las pupilas suavemente
hacia su alma
y empezó a rebuscarse
por todos sus confines.

A la hija pequeña del Cerrajero,
hoy le habitan todas las flores
y multitud de pájaros.

Esparce colores, trinos, perfumes,
futuros inversos
convertidos en azahares
enredados de espuma anaranjada.
El musgo y la hiedra
le trepan y le cuajan.

Ahora, la hija pequeña del Cerrajero
anda soplando arcoíris
y soltando gaviotas
por cualquier asfalto que rezume brea.

Si encuentras una brizna de espliego
resquebrajando bordillos
acógela con ternura y esperanza.

Te aseguro:
Que la hija pequeña del Cerrajero
ahí, habrá vertido una lágrima.
Ahí, se habrá convertido en libélula.

Ventanas y márgenes

Lilas frescas
(Reubicándo-te)

En el flujo insondable del que emanan tus
                                        mentiras
he sembrado tulipanes de un vago color incierto,
he colgado pensamientos en un tono imposible.

Ni sopesando claroscuros aligero mis certezas.

Vanidades en tinieblas,
ésas que huelen a azafrán y arándanos,
pero saben a desvergüenza.

De tu horizonte vertical se han caído todos los
                                        atardeceres.
Ya no bullen tempestades en lontananza.
Aunar amaneceres, quedó fuera de contexto.

Pero te diré que salieron tulipanes,
naranjas, malvas, rojos; y los verdes con luz de
                                        oliva.

Los pensamientos cambiaron el matiz imposible,
ahora lucen impecables,
con ese suculento aroma a infinito,
que impregna, impasible, el hueco que quedó
                                        entre tus perchas.

El desagüe del cajón, que apestaba a tus excusas,
ahora exhala lilas frescas.

Un amanecer

A vosotras

Fue un amanecer
cuando se atrevió a desatar definitivamente
el pañuelo que anudaba a su cabeza
desde aquel enero diluido en tinieblas.
Fue un amanecer,
cuando descubrió
la pelusa blanquecina
que crecía incipiente, brizna de vida,
promesa bendecida de futuro,
en su cuero cabelludo.
Fue un amanecer,
cuando supo
que el dolor, que el miedo, la impotencia, la
                                                    escarcha,
la tempestad, el vaivén de las defensas
y el oleaje se amansan y se mecen;
y que el infierno sí tiene camino de vuelta.

Porque él quiere

Hay veces que el azar
se viste de rosa fucsia
y se le enreda al destino
ahuecándose la chistera,
simplemente porque él quiere.

Se despierta juguetón
y entusiasmado busca
humanos sospechosos
de turbulentos pasados,
con hambre y sed de justicia,
anhelantes de milagros.

Despliega el azar sus ases
con un giro de guion inesperado.
Mueve hilos,
elige secuencias y planos,
decorados y tramoya.

Conjura el *«quizá»* y el *«puede...»*
Enreda, conspira, silba...

Y de repente una tarde,
adornada de rutinas,
con nubes grises de fondo,
solo con soplar un poco,
une en la cola de un cine
a una madre mustia y desolada
con un hijo robado y taciturno,
(por una monja sin dios y sin reparos)
hace tal vez veinte años.

El azar, que disfruta caprichoso,
trama, urde,
sutura cordones y heridas.

Derrama al aire sinergias
y le sopla margaritas,
olor a cuna caliente,
a regazo y a jazmines.

Diluye con medio aliento
ese viscoso trayecto
entre la posibilidad y la duda.

Curva esquinas y futuros.
Vuelve al revés universos.
Y brilla el sol por la tarde
simplemente porque él quiere.

Cuidadora

Yo la vi
cuando se ausentaba de casa.

Ella sentía la libertad en los talones,
le volaban golondrinas en la falda.
Conquistaba las calles
como si nunca antes las hubiera pisado.
Doblaba las esquinas
como un viento de levante.
Y surcaba avenidas y plazuelas
con el ansia del que escapa del infierno.

La vi asomarse a los acantilados agrestes
del destino compartido,
preguntándose por qué le apretaban
tanto esos zapatos negros.

Vistiendo de heroísmo, sin saberlo,
la mordedura de su rutina.

La vi cuando la punzada de angustia en las tripas
le llenó de remordimiento…

Entonces regresó a toda prisa.
Su esposo estaba en casa,
siempre estaba en casa.

También la vi con su incauta sonrisa,
anhelante de milagros,
gritando desde la puerta:
—Ya he vuelto.
Pero siguió sin respuesta…

Y otra vez, con la presión mordiente de sus
zapatos negros
y la angustia percutiendo en sus tripas
le limpió la baba
y comprobó que el pañal seguía limpio.

Mañana… quiero verla de nuevo.
Quiero verla cuando abra la puerta
y encuentre unas deportivas azules
y anchas sobre el felpudo.

Tenía

Tenía las *Nancys* sin pelo,
las *Barbies* sin cabeza,
al gato torturado.

—Rebeldía adolescente—
decían en su casa.

Tenía una amiga
que no entendía nada...
Las notas por los suelos,
la cabeza en letargo,
el humor en vinagre.

Tenía un vecino,
moreno y alto.
Con hijos y con esposa.
Colega de todos,
amigo de nadie.

Tenía un ascensor
para subir a su casa.

Allí un día el vecino
diluyó su niñez entre las tablas
de la falda del uniforme del colegio.

Tenía tizne en la mirada.
Prisa por las escaleras.
Nudos entre el insomnio.
Y el miedo, alimaña rugiendo,
subido a las espaldas.

Tenía quince años.
El valor dando tumbos.
La voz abajo, en las clavículas.
La sonrisa en el limbo.
Y la vida tanteando una coartada.

Enero sin nieve

Mientras avanzan desiertos
y se deshielan glaciares
crece musgo en el pomo de la puerta.

Mandarinas y cerezas
rellenas de nube
nacen de un álamo negro,
talado una mañana,
sin leyes y sin razones,
en el jardín de amaneceres
que nos cubre,
ese enero sin nieves ni fríos,
con soles de abril
por la espalda;
preámbulo, maltrecho,
de una primavera
siniestra y desabrida.

Con aves confundidas.
Con vientos despistados.
Con átomos de ceniza.
Con grietas en las costillas.
Sin hiedras ni girasoles.

Ella lo sabe

Hace tiempo que a la tristeza
no le sirve la lluvia como excusa,
cuaja como liquen reseco
en esquinas o grietas.
Blanquea agostos con ausencias
O escalda eneros con derrotas.

La mujer se agacha lentamente,
recoge flor de tilo con sus manos.
La guarda cuidadosa en las alforjas,
ceremonia necesaria que amansa
el jolgorio de estorninos
que circula entre sus cejas.

Acuna en su sonrisa caracolas
y titilan sus ojos
como alas de libélula
entre sol y agua.

Se incorpora despacio.

Ella lo sabe.
El horizonte ya no es frontera segura
donde anclar la esperanza.

El horizonte le tiembla ahora
en las palmas de las manos
y un aliento mínimo
dirige su frente hacia la duda,
hojaldre quebradizo donde afloran a intervalos
luces de colores
que colgaron un verano de las ramas de la higuera.

Fresco y verde oxigenan sus nostalgias, su
                                        memoria,
humedecen su vejez y la clarean.

Y lo sabe:
La lluvia ya no sirve de excusa a la tristeza.

Promesas de neón
(Reubicándo-se)

Lo supo al recobrar la consciencia,
las cigüeñas nunca emigran
sin la certeza de la tierra prometida.

La soledad de la playa
le dejaba a una intemperie amenazante.

En ese intervalo entre suelo y locura
se agarró al instante con los dientes.
Escupió sortilegios al océano azabache.

No quedaban auroras por conquistar
ni más orillas donde anclar las sandalias.

Recogió los rescoldos de sus dudas.

Mientras se amarraba a la cintura su rosario de
                                            miedos
encogió las alas con destreza
y cubrió con tul de arena sus escápulas
antes de adentrarse hacia ese asfalto,
donde el neón, insensible, empezaba a
                                    deslumbrarle
con promesas de colores.

Me duele el mundo

Me duele el mundo
en todos sus confines.

Me duelen niños, viejos,
madres, girasoles pisados,
vértebras, estómagos.

Me duelen puentes hundidos.
Letras detenidas, estancadas.

Me duelen huellas y huellas de botas,
huellas y huellas de pies descalzos.

Me duelen los soles de escarcha.
Los jilgueros mutilados.
Cuerpos sembrando avenidas.
Gritos, aullidos sellando trincheras.

Me duele el hambre y la ignominia,
la intemperie y el desvelo…

Me duelen todas las guerras
y todas las muertes me duelen.

Como veneno inoculado
el horror ya recorre mis venas.
La sangre ennegrecida
ha tomado el corazón
y se ha afincado.

Alimentada de rabia y angustia
he mullido el paisaje agreste
donde esta noche
reposaré los huesos.

El alma sujeta con torniquete
y la vida en el puño,
que a veces, aprieto y escondo,
y a veces agito y levanto.

Escombros

Arroja diciembre sus picas de escombros
bañados de sangre
con la sonrisa pintada
hasta el fondo del alma
y con su traje planchado
de indiferencia.

Las miserias,
las cucarachas
y las verdades incómodas
debajo de la alfombra,
bajo cómoda de plomo
y olvido lacrado de hipocresía,
no asomen en medio de la cocina
o en mitad de una cena.

Así,
lapidada entre escombros bañados de sangre
acudirá tu esperanza impasible a su exterminio
cada diciembre.

Criaturas, astros,
ancestros y todos los dioses
escupirán exorcismos bañados de lágrimas,
para que otra vez, la sal de enero
y el amor, irremediable,
vuelvan a tapar cicatrices y llagas,
aunque siga siendo en falso.

Impotencia

Los brazos caídos a lo largo del mundo
con esa desgana que anuncia derrotas.

La mirada resbala
y esquiva filas ingentes de causas perdidas.

Susurros deforman con sarcasmo hiriente
la inestable imagen de las sombras disfrazadas de
afectos.
La triste e infame impotencia que arropa.

Se queda.
Se mece.
Cala.
Ahonda.
Consume.
Reduce.
Vence.
Aísla.
Mata.

Y el tacón de miedo cubierto de plomo
que aplasta cualquier brizna de entusiasmo,
crecida en ese fondo, que espera el desplome.

Mañana ya veremos...

Los peces anaranjados flotan muertos
en la superficie de un océano desbordado de
                                    sarcasmos y preceptos.

Panzas inertes blandiendo hematomas
bajo un sol sin justicia.

Mientras, universos enteros la claman a gritos.
Horizontes obsoletos desploman sus crepúsculos
                                    y anochece.

Pero es tarde y estamos cansados...
Hay que cenar y poner la tele.
Dormiremos en las sábanas sudadas de rutinas.
Fijaremos la mirada en la araña de la esquina
(ella urde su plan en su breve dimensión de
                                    indiferencia).

Y con suerte, el somnífero ahogará
cualquier intento de fuga o rebeldía.
¿Y mañana?
Mañana ya veremos…

Veneno

El diente de la culebra
ha marcado la superficie del suspiro.
Lo taladra.
Inyecta su veneno
en forma de nieve agria
camuflada en caramelo
y anega por completo la colmena.

     Luego,
     seda,
     adormece,
     endulza,
     seduce,
     conquista…

Se estancan todas las cábalas previstas
y enquistan bajo hielo.

Se quiebra la vida
y transcurre boca abajo,
ahogada en mentira y abandono.
¿Armar dolor tan grande con letras
podrá propiciar un milagro de auxilio
en el ombligo de tan tóxica glaciación?

Antídotos y refugios

Querría

Querría girar, en rotación imposible, la rueca que
            marca el inusitado trascurrir de los segundos.
Querría, frotando no sé cómo o qué maravillosa
                     lámpara,
conseguir en ese transcurrir que palabras, ideas o
                    versos
elijan alojarse entre mis cejas y fluir radiantes a mis
            manos para ser escritas.

Pero el ingenio, vago o caprichoso…,
si existió en ese pasado remoto,
decide el letargo…

Tal vez en un intento de abstraerse de realidades
                  incómodas.
En un intento de *«solo tontear»* en un jardín de la
            inopia no premeditado.

Pero… en ese caldo de cultivo sin sustancia las
                                                    palabras
eligen a l e j a r s e y no a l o j a r s e.

Y así… el corazón, anhelante de versos, se encoge,
                                            se asusta,
se pierde en ese transcurrir sin deriva alguna,
en ese bagaje anómalo, que marca un camino
                                            incierto.

Pero el corazón late, aún late y espera.
Confía en que algún embrión de esperanza
sí elija a l o j a r s e en uno de sus recónditos
                                            pliegues
y fluya radiante en forma de palabras a mis manos,
hoy resecas, pero ávidas de cubrir espacios en blanco.

Folio en blanco... o... no...

Me das un folio en blanco
y me invitas a recrearme.

Libertad infinita, se supone…
¿O no…?
Condicionada,
preocupada,
intranquila… por sentir
que no tengo nada que decir de repente.

¡¿Nada?!
¡Con toda esa vorágine alborotada
que es tu cabeza!

Puedes sacar aquí todo el lastre que te arrastra
a las profundidades de ese infierno
que parece arder en tu alma,
que te engulle como abismo
y horada tus tripas
excitando cada aliento que exhalas.

Puedes describir cada monstruo
que te ulula a la oreja,
clavando a cuajo e izando su bandera
sobre lagunas de sueños en blanco.

Puedes contar que eres arquitectura endeble,
cimientos devastados por tantas catástrofes,
paloma inquieta, solitaria,
taponando secuelas de pasado,
de traición y silencio.

O puedes sentir que tu mano ávida sobre el folio,
eres tú misma bailando
en el infinito de sueños
que te levantan cada día
y hacen que tu risa respingue
cuando te miras al espejo,
y proyectas de nuevo el boceto
de esa nueva mujer que andas pretendiendo,
mandando al carajo de un plumazo
los malos augurios.

Tempestades, rayos y centellas
podrías expulsar por tus ojos;
huracanes por tus oídos.

Abrir la boca como cueva inmensa
donde habitan todos los vientos.
Volar de una vez por todas
por la inmensidad de tus cumbres.

Ya no cabe sujetar las alas,
ya no cabe sujetar las manos ni la lengua.

Sentir, sentirlo todo.
Contar, contarlo todo.

Quiero y no puedo

Quiero esculpir con mis letras
la fragilidad de una lágrima.

Su humedad, su recorrido, su sabor y su textura.

Me hipnotizo en los vidrios inmensos que la
                                    acunan.
Luego brota, emerge y se derrama.
Rápida deambula por la mejilla
hasta saltar al vacío para caer como plomo
en el hueco de una clavícula que la embalsa.

O se precipita inquieta hacia los labios abiertos
                                    que la esperan
y la lengua despierta que la engulle y saborea.

Ensimismo mi mirada en el transcurrir de su

                                                      curso,
en su hábil devenir sinuoso y no premeditado.

Me embobo, me embeleso, me enfado…
Porque no sé con mis letras
esculpir la fragilidad de una lágrima.

Antídotos

Esnifo palabras,
polvo anacarado,
que estalla en el alma
como bengalas de colores.

Como fuegos de artificio,
lanzados al aire,
                    sin orden,
sin cuidado,
                sin control,
sin miedo.

Narcótico exacto
para el dolor y los malos recuerdos.
Regenerador infalible
de perdón y esperanza.

Antídoto seguro
para cualquier sospechoso
intento de suicidio o exterminio.

Así, embriagada de letras,
de su exquisito aroma,
chapoteo, ingrávida,
con botas de titanio rojo sangre
los charcos de lluvia ácida,
de horror y desengaño.

Bailo.

Bailo, borracha de versos,
la danza amarilla que exorciza
cualquier ridículo e infantil anhelo
de afectos enfangados
en dulce de leche y polvorón.

Partos sin dolor

Cuando me asalta un poema
y me tira de la falda
como niño inquieto pidiendo atenciones.

O me tira de la oreja
y me aparta de mis quehaceres,
arrastrándome como padre enfadado
a buscar papel y lápiz.

Cuando hay que dejarlo todo;
porque grita,
      reclama,
      gime,
      exige,
      taladra mente y alma
      y devora…
      o sale.

Y sale.

Porque aun siendo más feo
                    o menos guapo,
más simple
          o más elaborado;
estos pequeños partos
me convierten en una feliz madre,
que, inundada de pudor,
se atreve, un instante, a llamarse «poeta».

Orquídeas

Aprenderé a descifrar
todos los poemas que brotan
cuando abren las orquídeas.
Colibríes cultivados
en vasijas de alabastro.
Perlas en conchas.
Cerezas verde-malva
acunadas en los huecos
de las páginas de ese libro
que tejí en blanco
cuando los susurros de enero
comenzaban a engendrar eternidades.

Refugios

Respira letras, palabras.
Baraja versos, estrofas, poemas.
Compón canciones y cuentos.
Camina.

Camina sendas y horizontes.
Conjuga siempre en indicativo, en presente.
No existen más tiempos ni modos,
excepto para contar sueños o historias.

Alójate en la espuma de la risa,
ese instante mínimo y suculento
donde no caben incertidumbres ni otoños.

Viértete en lágrimas, si toca.
Aprieta músculos, dientes, certezas...

Siente.

El dolor se mitiga, el insomnio se burla
cuando te alías con ellos.

Vive.

Es tuyo este suspiro.
Construye en él tu refugio de hiedra y musgo
donde la escarcha no cale.

Será ése el único hogar en que estaremos a salvo.

Ubicación

Tendré que hacerme un bosque
urdido de intemperie.
Una casa en ruinas
donde habiten caracolas.

Tendré que hacerme una historia,
hilvanada de alfileres con espuma.
Una isla.
Un crepúsculo.

Tendré que hacerme un recuerdo
con barro y con siemprevivas.
Un río que me surque.
Un campo que me cuaje.

Tendré que hacerme un ancla, un olvido,
una sutura, un consuelo,
una deriva…

Tendré que hacerme un silencio
que me susurre poemas.

Y tendré que hacerme una estrella
que cada noche, me ubique.

Ellos eligieron mis estancias

A veces sueño sirenas.
Seres mitológicos inundan mis estancias.
Encuentro unicornios por los cajones.
Y envuelvo mis silencios
en las alas de las hadas.

No me importa si pierdo realidades.
He llenado el armario de locuras...
Repartiré ese maíz
que explota en mi cerebro,
hoy sí;
y también mañana.

Florece la hiedra en el alféizar,
reposando,
esperando mariposas...

Llegaron los Reyes de Oriente
hace cinco eneros,
se quedaron.
Alojados en ese espacio de mi ingenio
que quiere repartir ilusiones.

Y en este instante,
yo quiero darme cuenta,
de que soy rica,
inmensamente afortunada.
Porque tengo veranos
y horizontes.
Y carcajadas de niños
coronando mis cejas.

¡Qué me importa que llueva
o que llegue el otoño!
Si tengo un abrigo de hoja seca,
de musgo,
que huele a espliego.
¡Qué me importa que hiele!
Si tengo sol, luna y estrellas.

Tengo oscuridades…
que iluminé con tus ojos
y aire que respiro
y melodía…

Y todos esos maravillosos seres,
que llegaron,
que habitan mi casa.

Ventilo…
Y se quedan.
Porque eligieron la locura,
la mía.
Porque hay sitio en mis alcobas para ellos,
para todos ellos.

Para vosotros.

¡Y hoy quiero darme cuenta…
de que ellos, eligieron:
Mi casa,
Mi locura,
Mis letras,
Mis estancias!

ÍNDICE

Ventanas y Márgenes

Habitando el suspiro, n.º 4 de EURITMIA POESÍA, que edita Isla del náufrago, ha sido escrito por **Sonia Martín Giménez** y se ha terminado de imprimir en los talleres de Safekat, Madrid, España, en la alborada del otoño 2024, cuando los versos aún huelen a verano y el poeta tendrá que hacerse un recuerdo con barro y con siemprevivas sabiendo que, al final, como libélulas inasibles, las criaturas que pueblan sus versos y habitan sus suspiros elegirán siempre sus estancias.

Libros de Isla del náufrago

- *Unas pocas palabras verdaderas*, José Antonio Abella. RELATOS

- *Una tierra mansa*, Ignacio Sanz. RELATOS

- *Circunscripciones*, Luis Javier Moreno. POEMARIO

- *Encanto y desencanto de un hombre sin gracia,* Andrés Portillo. NOVELA.

- *Yuda*. José Antonio Abella. NOVELA HISTÓRICA. (Venta exclusiva Casa de Abraham Senior, Ayuntamiento de Segovia)

- *El globo de Hitler,* Rubén Castillo. NOVELA

- *Frente al Pacífico,* Montserrat Sanz. ARTÍCULOS.

- *Cómo hablamos y escribimos*, Alberto Martín Baró. ARTÍCULOS (Agotado)

- *La sonrisa robada* José Antonio Abella. NOVELA (Agotado) (Premio de la Crítica Castilla y León)

- *Edelgard, Diario de un sueño*, José Fernández-Arroyo. DIARIO

- *Calle Feria* Tomás Sánchez Santiago, NOVELA (Premio Ciudad de Salamanca)

- *Cayo es mortal,* Juan Andrés Saiz Garrido. NOVELA

www.isladelnaufrago.com